AF303035

Volkslieder für Senioren

Anne Berghaus

Impressum

Titel:	Volkslieder für Senioren
Autorin:	Anne Berghaus
Cover :	Anne Berghaus
Copyright:	© 2024 Anne Berghaus
ISBN:	978-3-7693-0859-4

Verlag:

BoD · Books on Demand GmbH,

In de Tarpen 42, 22848 Norderstedt

Druck:

Libri Plureos GmbH, Friedensallee 273,

22763 Hamburg

Inhaltsverzeichnis

Weihnachtslieder

Vorwort

Mein Name ist Anne Berghaus und von Beruf war ich Altenpflegerin. Viele Jahre habe ich in verschiedenen Häusern in der sozialen Betreuung und in der Seelsorge gearbeitet.

Hier konnte ich immer wieder wertvolle Erfahrungen sammeln. In meiner beruflichen Laufbahn habe ich viele verschiedene Singkreise miterlebt und auch geleitet.

Singen macht nicht nur sehr viel Spaß, sondern fördert auch das Gemeinschaftserlebnis.

Die Fähigkeit zu singen, das Empfinden für die Melodie ist eine Fähigkeit, die auch im Alter erhalten bleibt. Hier in diesem Buch habe ich einige sehr bekannte und viel gesungene Volkslieder zusammengestellt.

Gerne dürfen die Lieder Texte für Seniorensingkreise kopiert und vervielfältigt werden. Ich wünsche Ihnen viel Freude und schöne Singrunden.

Anne Berghaus

1 Alle Vögel sind schon da

1. Alle Vögel sind schon da,
   alle Vögel, alle!
   Welch ein Singen, Musizier'n,
   Pfeifen, Zwitschern, Tirilier'n
   Frühling will nun einmarschier'n,
   kommt mit Sang und Schalle.

2. Wie sie alle lustig sind,
   flink und froh sich regen!
   Amsel, Drossel, Fink und Star
   und die ganze Vogelschar
   wünschen dir ein frohes Jahr,
   lauter Heil und Segen!

3. Was sie uns verkündet nun,
   nehmen wir zu Herzen:
   Wir auch wollen lustig sein,
   lustig wie die Vögelein,
   hier und dort, Feld aus, Feld ein,
   singen springen, scherzen!

Text: August Heinrich Hoffmann von Fallersleben, 1835.
Musik: unbekannt um 1847.

2 Auf auf du junger Wandersmann

1. Auf, du junger Wandersmann,
   jetzo kommt die Zeit heran,
   die Wanderszeit, die gibt uns Freud.
   Woll´n uns auf die Fahrt begeben,
   das ist unser schönstes Leben;
   große Wasser, Berg und Tal
   anzuschauen überall.

2. An dem schönen Donaufluss
   findet man ja seine Lust
   und seine Freud auf grüner Heid,
   wo die Vöglein lieblich singen
   und die Hirschlein fröhlich springen;
   dann kommt man vor eine Stadt,
   wo man gute Arbeit hat.

3. Mancher hinterm Ofen sitzt
    und gar fein die Ohren spitzt,
    kein Stund vors Haus ist kommen naus.
    Den soll man als G'sell erkennen,
    oder gar ein' Meister nennen,
    der noch nirgends ist gewest,
    nur gesessen in sein'm Nest.

4. Morgens wenn der Tag angeht
    und die Sonn am Himmel steht,
    so herrlich rot wie Milch und Blut;
    auf ihr Brüder lasst uns reisen,
    unserm Herrgott Dank erweisen
    für die fröhlich Wanderzeit
    hier und in die Ewigkeit.

Text und Musik: Verfasser unbekannt, um 1840.

3 Auf der Lüneburger Heide

1. Auf der Lüneburger Heide,
   in dem wunderschönen Land,
   ging ich auf und ging ich nieder,
   allerlei am Weg ich fand.
   Valleri Valera ha ha
   und juheirassa und juheirassa,
   bester Schatz, bester Schatz, bester Schatz,
   du weißt es ja.

2. Brüder, lasst die Gläser klingen,
   denn der Muskateller Wein
   wird vom langen Stehen sauer,
   ausgetrunken muss er sein.
   Valleri Valera ha ha
   und juheirassa und juheirassa,
   bester Schatz, bester Schatz, bester Schatz,
   du weißt es ja.

3. Und die Bracken und die Bellen
   und die Büchse und die knallt,
   rote Hirsche woll'n wir jagen
   in dem grünen, grünen Wald.
   Valleri Valera ha ha
   und juheirassa und juheirassa,
   bester Schatz, bester Schatz, bester Schatz,
   du weißt es ja.

4. Ei du Hübsche, ei du Feine,
   ei du Bild wie Milch und Blut.
   Unsere Herzen woll'n wir tauschen
   denn du glaubst nicht, wie das tut.
   Valleri Valera ha ha
   und juheirassa und juheirassa,
   bester Schatz, bester Schatz,
   bester Schatz, du weißt es ja.

Text: Hermann Löns 1866-1914,

Musik: Melodie von Ludwig Rahlfs 1911.

4 Ännchen von Tharau

1. Ännchen von Tharau ist's die mir gefällt, Sie ist mein Leben, mein Gut und mein Geld. Ännchen von Tharau hat wieder ihr Herz Auf mich gerichtet, in Lieb und in Schmerz Ännchen von Tharau, mein Reichtum, mein Gut, Du meine Seele, mein Fleisch und mein Blut.

2. Käm' alles Wetter gleich auf uns zu schlah'n Wir sind gesinnt, beieinander zu stah'n. Krankheit, Verfolgung, Betrübnis und Pein Soll unsrer Liebe Verknotigung sein. Ännchen von Tharau, mein Reichtum, mein Gut, Du meine Seele, mein Fleisch und mein Blut.

3. Recht als ein Palmbaum über sich steigt, Je mehr ihn Hagel und Regen angreift: So werd' die Lieb in uns mächtig und groß, Durch Kreuz, durch Leiden, durch allerlei Not. Ännchen von Tharau, mein Reichtum, mein Gut, Du meine Seele, mein Fleisch und mein Blut.

4. Würdest du gleich einmal von mir getrennt, Lebtest da, wo man die Sonne kaum kennt: Ich will dir folgen, durch Wälder, durch Meer, Durch Eis, durch Eisen, durch feindliches Heer. Ännchen von Tharau, mein' Sonne, mein Schein, Mein Leben schließ' ich in deines hinein.

Eine 1642 veröffentlichte erste Vertonung stammt von Heinrich Albert und basiert auf verschiedenen Versionen des Reigens Ännerlein von Torgen von 1590 eines unbekannten Komponisten. Das Gedicht wurde von Ankes Landsmann Johann Gottfried Herder in die damalige Form des Standarddeutschen übertragen und 1778 veröffentlicht. 1827 unterlegte Friedrich Silcher diesen Text mit einer neuen, heute allgemein bekannten Melodie.

5 Bunt sind schon die Wälder

1. Bunt sind schon die Wälder, gelb die Stoppelfelder.
Und der Herbst beginnt, rote Blätter fallen,
graue Nebel wallen, Kühler weht der Wind.

2. Wie die volle Traube, aus dem Rebenlaube,
purpurfarbig strahlt, am Geländer reifen
Pfirsiche mit Streifen, rot und weiß bemalt.

3. Flinke Jäger spingen und die Mädchen singen.
Alles jubelt froh! Bunte Bänder schweben
zwischen hohen Reben auf dem Hut von Stroh.

4. Geige tönt und Flöte bei der Abendröte.
Und im Mondesglanz junge Winzerinnen
winken und beginnen frohen Erntetanz.

Text: Johann Gaudenz von Salis-Seewis,1782
Melodie: Johann Friedrich Reichardt, 1799

6 Das Wandern ist des Müllers Lust

1. Das Wandern ist des Müllers Lust,
   das Wandern ist des Müllers Lust, das Wandern.
   Das muss ein schlechter Müller sein,
   dem niemals fiel das Wandern ein.
   Dem niemals fiel das Wandern ein, das Wandern.

   Das Wandern, das Wandern, das Wander

2. Vom Wasser haben wir's gelernt,
   vom Wasser haben wir's gelernt, vom Wasser.
   Das hat nicht Ruh' bei Tag und Nacht,
   ist stets auf Wanderschaft bedacht,
   ist stets auf Wanderschaft bedacht, das Wasser.

   Das Wasser, das Wasser, das Wasser.

3. Das sehn wir auch den Rädern ab,
    das sehn wir auch den Rädern ab, den Rädern.
    Die gar nicht gerne stille steh'n,
    und sich bei Tag nicht müde dreh'n,
    und sich bei Tag nicht müde dreh'n, die Räder.

    Die Räder, die Räder, die Räder.

4. Oh Wandern, Wandern meine Lust,
   Oh Wandern, Wandern meine Lust, oh Wandern.
   Herr Meister und Frau Meisterin,
   lasst mich in Frieden weiter zieh'n,
   lasst mich in Frieden weiter zieh'n und wandern,

   und wandern und wandern und wandern.

Text: Wilhelm Müller 1821, Musik: Carl Friedrich Zöllner 1844.

7 Der Lindenbaum

1. Am Brunnen vor dem Tore, da steht ein Lindenbaum;
ich träumt in seinem Schatten
so manchen süßen Traum. Ich schnitt in seine Rinde
so manches liebe Wort; es zog in Freud und Leide
zu ihm mich immer fort. Zu ihm mich immer fort.

2. Ich musst auch heute wandern vorbei in tiefer Nacht,da
hab ich noch im Dunkeln die Augen zugemacht. Und seine
Zweige rauschten,
als riefen sie mir zu: Komm her zu mir, Geselle,
hier findst du deine Ruh! Hier findst du deine Ruh!

3. Die kalten Winde bliesen mir grad ins Angesicht;
der Hut flog mir vom Kopfe, ich wendete mich nicht.
Nun bin ich manche Stunde entfernt von jenem Ort,
und immer hör ich's rauschen: Du fändest Ruhe dort. Du
fändest Ruhe dort.

Text: Wilhelm Müller (1794-1827) Melodie: nach Franz Schuberts (1797-1828)

8 Der Mai ist gekommen

1. Der Mai ist gekommen, die Bäume schlagen aus,
Da bleibe, wer Lust hat, mit Sorgen zu Haus!
Wie die Wolken dort wandern am himmlischen Zelt,
So steht auch mir der Sinn in die weite, weite Welt.

2. Herr Vater, Frau Mutter, dass Gott euch behüt!
Wer weiß, wo in der Ferne mein Glück mir noch blüht;
Es gibt so manche Straße, da nimmer ich marschiert,
Es gibt so manchen Wein, den ich nimmer noch probiert.

3. Frisch auf drum, frisch auf drum im hellen Sonnenstrahl!
Wohl über die Berge, wohl durch das tiefe Tal!
Die Quellen erklingen, die Bäume rauschen all;
Mein Herz ist wie'n Lerche und stimmet ein mit Schall.

Text: Emanuel Geibel 1841, Melodie: Justus Wilhelm Lyra 1842

9 Die Lorelei

1. Ich weiß nicht, was soll es bedeuten daß ich so traurig
bin. Ein Märchen aus uralten Zeiten das kommt mir nicht
aus dem Sinn. Die Luft ist kühl und es dunkelt und ruhig
fließt der Rhein. Der Gipfel des Berges funkelt im
Abendsonnenschein.

2. Die schönste Jungfrau sitzet dort oben wunderbar, Ihr
gold'nes Geschmeide blitzet, sie kämmt ihr goldenes Haar.
Sie kämmt es mit goldenem Kamme und singt ein Lied
dabei; Das hat eine wundersame, gewalt'ge Melodei.

3. Den Schiffer im kleinen Schiffe, ergreift es mit wildem
Weh; Er schaut nicht die Felsenriffe, er schaut nur hinauf
in die Höh'. Ich glaube, die Wellen verschlingen am Ende
Schiffer und Kahn. Und das hat mit ihrem Singen, die
Lorelei getan.

Text: Heinrich Heine 1823, Melodie: Friedrich Silcher 1838

10 Die Tiroler sind Lustig

1. Die Tiroler sind lustig, die Tiroler sind froh,
sie trinken ein Gläschen und machens dann so.

Refrain:
Ru di ru di ral lal la, Ral lal la, ral lal la,
Ru di ru di ral lal la, Ral lal la la.

2. Die Tiroler sind lustig, die Tiroler sind froh;
sie verkaufen ihr Bettchen und schlafen auf Stroh.

3. Die Tiroler sind lustig, die Tiroler sind froh;
sie nehmen ein Weibchen und tanzen dazu.

4. Erst dreht sich das Weibchen, dann dreht sich der
Mann, dann fassen sich beide und tanzen zusamm.

Text: Emanuel Schikaneder 1748-1812, Melodie: Wenzel Müller 1767-1835

11 Ein Jäger aus Kurpfalz

1. Ein Jäger aus Kurpfalz,
der reitet durch den grünen Wald,
er schießt das Wild daher,
gleich wie es ihm gefällt.
Halihalo! Gar lustig ist die Jägerei
allhier auf grüner Heid, allhier auf grüner Heid.

2. Auf sattelt mir mein Pferd
und legt darauf den Mantelsack,
so reit ich weit umher
als Jäger aus Kurpfalz.
Halihalo! Gar lustig ist die Jägerei
allhier auf grüner Heid, allhier auf grüner Heid.

3. Jetzt reit ich nicht mehr heim,
bis dass der Kuckuck kuckuck schreit,
er schreit die ganze Nacht
allhier auf grüner Heid.
Halihalo! Gar lustig ist die Jägerei
allhier auf grüner Heid, allhier auf grüner Heid.

Text und Musik: Verfasser unbekannt.

12 Ein Männlein steht im Walde

1. Ein Männlein steht im Walde ganz still und stumm,
es hat von lauter Purpur ein Mäntlein um.
Sagt, wer mag das Männlein sein,
das da steht im Wald' allein
mit dem purpurroten Mäntelein?

2. Das Männlein steht im Walde auf einem Bein.
Und hat auf seinem Haupte schwarz Käpplein klein.
Sagt, wer mag das Männlein sein,
das da steht im Wald' allein
mit dem kleinen schwarzen Käppelein?

<u>Gesprochen:</u>

Das Männlein dort auf einem Bein,
mit seinem roten Mäntelein
und seinem schwarzen Käppelein,
kann nur die Hagebutte sein!

Text: „Ein Männlein steht im Walde" ist eines der zahlreichen volkstümlichen Kinderlieder von August Heinrich Hoffmann von Fallersleben aus dem Jahr 1843. Musik: unbekannt.

13 Es klappert die Mühle

1. Es klappert die Mühle am rauschenden Bach.Klipp klapp. Bei Tag und bei Nacht ist der Müller stets wach. Klipp klapp. Er mahlet uns Korn zu dem kräftigen Brot und haben wir solches, so hat's keine Not.
Klipp klapp, klipp klapp, klipp klapp. Klipp klapp, klipp klapp, klipp klapp.

2. Flink laufen die Räder und drehen den Stein. Klipp klapp! Und mahlen den Weizen zu Mehl uns so fein. Klipp klapp! Der Bäcker dann Zwieback und Kuchen draus bäckt, der immer den Kindern besonders gut schmeckt.

Klipp klapp, klipp klapp, klipp klapp. Klipp klapp, klipp klapp, klipp klapp.

3. Wenn reichliche Körner das Ackerfeld trägt. Klipp klapp! Die Mühle dann flink ihre Räder bewegt. Klipp klapp! Und schenkt uns der Himmel nur immer da Brot,so sind wir geborgen und leiden nicht Not.
Klipp klapp, klipp klapp, klipp klapp. Klipp klapp, klipp klapp, klipp klapp.

Text: Ernst Anschütz 1824 Musik: Verfasser unbekannt.

14 Glück auf der Steiger kommt

1. Glück auf! Glück auf! Der Steiger kommt! Und er hat
sein helles Licht bei der Nacht, und er hat sein helles Licht
bei der Nacht, schon angezündt, schon angezündt.

2. Schon angezündt, es gibt ein Schein,
damit fahren wir ins Berkwerk`nein,
damit fahren wir ins Berkwerk`nein,
ins Berkwerk`nein, ins Berkwerk`nein.

3. Ins Berkwerk`nein, wo Bergleut`sein,
und sie graben das Silber aus Felsengestein,
und sie graben das Silber aus Felsengestein,
aus Felsenstein, aus Felsenstein.

4. Aus Felsenstein grab`n sie das Gold,
und dem schwarzbraunen Mägdlein, dem sein sie hold,
und dem schwarzbraunen Mägdlein, dem sein sie hold,
dem sein sie hold, dem sein sie hold.

**Die Ursprünge des Steigerliedes reichen bis in das 16.
Jahrhundert zurück. Die neueren Fassungen stammen vor
allem aus dem Odenwald, aus Franken oder aus der Gießener
Gegend.**

15 Grün ist die Heide

1. Als ich gestern einsam ging auf der grünen, grünen Heid, kam ein junger Jägersmann, trug ein grünes, grünes Kleid. Ja grün ist die Heide, die Heide ist grün, aber rot sind die Rosen, wenn sie da blühn.

2. Wo die grünen Tannen steh´n, ist so weich das grüne Moos, und da hat er mich geküßt, und ich saß auf seinem Schoß. Ja grün ist die Heide, die Heide ist grün, aber rot sind die Rosen, wenn sie da blühn.

3. Als ich dann nach Hause kam, hat die Mutter mich gefragt, wo ich war die ganze Zeit, und ich hab es nicht gesagt. Ja grün ist die Heide, die Heide ist grün, aber rot sind die Rosen, wenn sie da blühn.

4. Was die grüne Heide weiß, geht die Mutter gar nichts an, niemand weiß es außer mir und dem grünen Jägersmann. Ja grün ist die Heide, die Heide ist grün, aber rot sind die Rosen, wenn sie da blühn.

Text: Hermann Löns 1911, Melodie: Karl Blume 1916

16 Grüß Gott du schöner Maien

1. Grüß Gott du schöner Maien. Da bist du wiedrum hier,
Tust jung und alt erfreuen mit deiner Blumenzier.
Die lieben Vöglein alle, sie singen all so hell,
Frau Nachtigall mit Schalle hat die fürnehmste Stell.

2. Die kalten Wind verstummen der Himmel ist gar blau,
die lieben Bienlein summen daher von grüner Au. O holde
Lust im Maien da alles neu erblüht, du kannst mich sehr
erfreuen mein Herz und mein Gemüt

3. Weiß doch ein schönern Maien so Sommer und Winter
blüht der kann noch mehr erfreuen
mein Herz und mein Gemüt das ist mit ihrer Augen Schein
mit ihren Rosenwangen ein artig Mägdelein.

4. Du edle Maienrose willst du mein eigen sein
ich tausch nicht Königslose mit meinem Häuselein
woll Gott sie sagt ein fröhlich ja wann ich sie frag an heute
hätt schon den Himmel da.

**Text und Melodie: Verfasser unbekannt, aus dem 16
Jahrhundert.**

17 Hoch auf dem gelben Wagen

1. Hoch auf dem gelben Wagen sitz ich beim Schwager vorn. Vorwärts die Rosse traben, lustig schmettert das Horn. Felder, Wiesen und Auen, leuchtendes Ährengold. Ich möchte so gerne noch schauen, aber der Wagen, der rollt. Ich möchte so gerne noch schauen, aber der Wagen, der rollt.

2. Flöten hör´ ich und Geigen, lustiges Bassgebrumm. Junges Volk im Reigen tanzt um die Linde herum, wirbelt wie Blätter im Winde, jauchzt und lacht und tollt. Ich bliebe so gern bei der Linde, aber der Wagen, der rollt. Ich bliebe so gern bei der Linde, aber der Wagen, der rollt.

3. Postillion in der Schenke, füttert die Rosse im Flug. Schäumendes Gerstengetränke reicht der Wirt uns im Krug. Hinter den Fensterscheiben lacht ein Gesicht so hold. Ich möchte so gerne noch bleiben, aber der Wagen, der rollt. Ich möchte so gerne noch bleiben, aber der Wagen, der rollt.

4. Sitzt einmal ein Gerippe hoch auf dem Wagen vorn,
hält statt der Peitsche die Hippe Stundenglas statt dem
Horn, sag ich: Ade nun, ihr Lieben, die ihr nicht mitfahren
wollt. Ich wäre so gerne geblieben, aber der Wagen, der
rollt. Ich wäre so gerne geblieben, aber der Wagen, der
rollt.

Text: Rudolf Baumbach 1879, Musik: Heinz Höhne 1922.

18 Wo die Dinkel flött döert schöne
Mönsterland Melodie: wo die Nordseewellen...

1. Wo de Dinkel flött döert schöne Mönsterland,
wo de dicken Eiken wast, dat is bekannt.
Doa ligg usse Ledden, do küert alle Platt.
Dat is usse Düörpken, un min Heimatland.

2. Wenn in´t Fröhjoahr als wier grönt und bleiht,
wenn de Vüegel singt un wi us alle freit,
goah wi inne Büschke, de Dinkel is nich wiet,
sökt de schönen Pättkes, ut de Jugendtied.

3. Kümp in´n Sommer dann dat graute Heimatfest, goah wi
no de Nie Müell dat steiht all fest. Sitt wi dann bineene,
wött up Platt vertällt, ut de ollen Tieden, dat is usse Welt.

4. Mäk de Hiärwst dann usse schönen Wälder bunt, un wi
wandert üm de Egelborg herüm.
Fallt de ersten Bla-ar, goaht nich mehr so wiet.
Dage wiärt all küörter, boll is Wintertied.

5. Dann gifft Moos met Mettwuorst, deftig Düörgemös,
Bauernstuten, Knoukenschinken ganz pompös,
Wourstebraut met Schriewen, doa wött nich an spoort,
Jau dat is min Ledden, min´n Heimatoort.

19 Horch was kommt von draußen rein

1. Horch, was kommt von draußen rein. Hollahi. Hollaho.
Wird wohl mein Feinsliebchen sein. Hollahi jaho. Geht
vorbei und schaut nicht ´rein. Hollahi. Hollaho. Wird´s
wohl nicht gewesen sein. Hollahi jaho.

2. Leute haben´s oft gesagt. Hollahi. Hollaho.
Dass ich ein fein's Liebchen hab. Hollahi jaho.
Lass sie reden, schweig fein still. Hollahi. Hollaho.
Kann ja lieben, wen ich will. Hollahi jaho,

3. Wenn mein Liebchen Hochzeit hat. Hollahi. Hollaho. Ist
für mich ein Trauertag. Hollahi jaho.
Geh ich in mein Kämmerlein. Hollahi. Hollaho.
Trage meinen Schmerz allein. Hollahi jaho.

4. Wenn ich dann gestorben bin. Hollahi. Hollaho.
Trägt man mich zum Grabe hin. Hollahi jaho.
Setzt mir keinen Leichenstein. Hollahi. Hollaho.
Pflanzt mir drauf „Vergiß nicht mein". Hollahi jaho.

Text und Musik: Verfasser unbekannt, um 1870 entstanden.

20 Im Frühtau zu Berge

1. Im Frühtau zu Berge wir zieh'n, vallera, es grünen die
Wälder, die Höhen, vallera. Wir wandern ohne Sorgen,
singend in den Morgen, noch ehe im Tale die Hähne
krähen. Wir wandern ohne Sorgen, singend in den
Morgen, noch ehe im Tale die Hähne krähen.

2. Ihr alten und hochweisen Leut', vallera, ihr denkt wohl,
wir wären nicht gescheit, vallera. Wer wollte aber singen,
wenn wir schon Grillen fingen,
in dieser herrlichen Frühlingszeit. Wer wollte aber singen,
wenn wir schon Grillen fingen,
In dieser herrlichen Frühlingszeit.

3. Werft ab alle Sorge und Qual, vallera, und wandert mit
uns auf dem Tal, vallera. Wir sind hinaus gegangen, den
Sonnenschein zu fangen. Kommt mit und versucht es
doch selbst einmal. Wir sind hinaus gegangen, den
Sonnenschein zu fangen.
Kommt mit und versucht es doch selbst einmal.

**Text: Olof Thunmann, Musik: schwedisches Volkslied , 19.
Jahrhundert.**

21 Im schönsten Wiesengrunde

1. Im schönsten Wiesengrunde ist meiner Heimat Haus,
da zog ich manche Stunde ins Tal hinaus.
Dich mein stilles Tal, grüß' ich tausendmal!
Da zog ich manche Stunde ins Tal hinaus.

2. Muss aus dem Tal jetzt scheiden,
wo alles Lust und Klang;l
das ist mein herbstes Leiden, mein letzter Gang.
Dich mein stilles Tal, grüß' ich tausendmal!
Das ist mein herbstes Leiden, mein letzter Gang.

3. Sterb' ich – in Tales Grunde
will ich begraben sein;
Singt mir zur letzten Stunde beim Abendschein:
Dich mein stilles Tal, grüß' ich tausendmal!
Singt mir zur letzten Stunde beim Mondenschein.

**Verfasser: Das Heimatlied "Im schönsten Wiesengrunde"
wurde Mitte des 19. Jahrhunderts vom württembergischen
Hobbydichter Wilhelm Ganzhorn verfasst. Einen besonderen
Stellenwert genoss dieses Lied nach dem Zweiten Weltkrieg
bei den Heimatvertriebenen und wird heute noch gerne
gesungen.**

22 Kein schöner Land in dieser Zeit

1. Kein schöner Land in dieser Zeit,
als hier das unsre weit und breit,
wo wir uns finden, wohl unter Linden zur Abendzeit,
wo wir uns finden, wohl unter Linden zur Abendzeit.

2. Da haben wir so manche Stund,
gesessen da in froher Rund
und taten singen, die Lieder klingen im Eichengrund,
und taten singen, die Lieder klingen im Eichengrund.

3. Dass wir uns hier in diesem Tal
noch treffen so viel hundertmal:
Gott mag es schenken, Gott mag es lenken, er hat die
Gnad. Gott mag es schenken, Gott mag es lenken, er hat
die Gnad.

4. Jetzt, Brüder, eine gute Nacht, der Herr im hohen
Himmel wacht, in seiner Güte uns zu behüten, ist er
bedacht, in seiner Güte uns zu behüten, ist er bedacht.

**Text und Melodie: Anton Wilhelm Florentin von
Zuccalmaglio, , 1838.**

23 Komm lieber Mai und mache

1. Komm, lieber Mai, und mache die Bäume wieder grün
und lass mir an dem Bache die kleinen Veilchen blühn! Wie
möchte ich doch so gerne ein Veilchen wieder sehn, ach,
lieber Mai, wie gerne einmal spazieren gehn!

2. Zwar Wintertage haben wohl auch der Freuden viel:
man kann im Schnee eins traben und treibt manch
Abendspiel, baut Häuserchen von Karten, spielt Blindekuh
und Pfand, auch gibt's wohl Schlittenfahrten aufs liebe
freie Land.

3. Doch wenn die Vögel singen und wir dann froh und flink
auf grünem Rasen springen, das ist ein ander Ding! Jetzt
muss mein Steckenpferdchen dort in dem Winkel stehen,
denn draussen in dem Gärtchen kann man vor Schmutz
nicht gehn.

4. Am meisten aber dauert mich Lottchens Herzeleid,
das arme Mädchen lauert recht auf die Blumenzeit.
Umsonst hol ich ihr Spielchen zum Zeitvertreib herbei,
sie sitzt in ihrem Stühlchen wie's Hühnchen auf dem Ei.

5. Ach, wenn's doch erst gelinder und grüner draußen wär!
komm, lieber Mai, wir Kinder, wir bitten gar zu sehr! O
komm und bring vor allem uns viele Veilchen mit, bring
auch viele Nachtigallen und schöne Kuckucks mit.

**Text: Christian Adolf Overbeck 1775, Musik: Wolfgang
Amadeus Mozart 1791**

24 Kumm bi de Nacht

1. Dat du min Leevsten büst, dat du woll weeßt.
Kumm bi de Nacht, kumm bi de Nacht, segg wo du heeßt;
kumm bi de Nacht, kumm bi de Nacht, segg wo du heeßt.

2. Kumm du üm Middernacht, kumm du Klock een! Vader
slöpt, Moder slöpt, ick slap aleen;
Vader slöpt, Moder slöpt, ick slap aleen.

3. Klopp an de Kammerdör, fat an de Klink!
Vader meent, Moder meent, dat deit de Wind;
Vader meent, Moder meent, dat deit de Wind.

Text. Verfasser unbekannt, erstmals wurde der Text 1845 veröffentlicht. Melodie: Josef Anton Steffan um 1760

25 Lili Marleen

1. Vor der Kaserne vor dem großen Tor.
Stand eine Laterne und steht sie noch davor.
So wollen wir uns da wieder seh´n. Bei der Laterne wollen wir
steh´n. Wie einst, Lili Marleen.

2. Unser beiden Schatten sah'n wie einer aus.
Daß wir so lieb uns hatten, daß sah man gleich daraus.
Und alle Leute soll'n es seh'n. Wenn wir bei der Laterne steh'n.
Wie einst, Lili Marleen.

3. Schon rief der Posten, sie blasen Zapfenstreich.
Es kann drei Tage kosten, Kamerad, ich komm ja gleich. Da
sagten wir auf Wiedersehen. Wie gerne wollt ich mit dir geh'n.
Mit dir, Lili Marleen.

4. Deine Schritte kennt sie, deinen stolzen Gang.
Alle abend brennt sie, doch mich vergaß sie lang.
Und sollte mir ein Leid gescheh'n. Wer wird bei der Laterne
stehen. Mit dir, Lili Marleen?

5. Aus dem stillen Raume, aus der Erden Grund.
Küßt mich wie im Traume, dein verliebter Mund.
Wenn sich die späten Nebel drehn. Werd' ich bei der Laterne
steh'n. Wie einst Lili Marleen. Wie einst Lili Marleen.
Text und Musik: Hans Leip

26 Lustig ist das Rentner Leben

1. Lustig ist das Rentnerleben, faria, faria, ho,
können immer spazieren gehen, faria, faria, ho,
leben in den Tag hinein, bald wird wieder der Erste sein,
faria, faria, faria, faria, faria, faria, ho.

2. Lustig ist das Rentnerleben, faria, faria, ho,
brauchen nicht zum Stempeln gehen, faria, faria, ho,
die zwanziger Jahre, die waren sehr schön,
doch heute, da muss es auch noch gehen,
faria, faria, faria, faria, faria, faria, ho.

4. Lustig ist das Rentnerleben, faria, faria, ho,
können morgens zum Frühschoppen gehen, faria, faria, ho,
wer alles verjubelt vor seinem End,
der macht das beste Testament,
faria, faria, faria, faria, faria, faria, ho.

Text: Verfasser unbekannt. Melodie: 19. Jahrhundert, Verfasser unbekannt.

27 Legdener Dahlienlied

1. Im schönen Münsterlande, am grünen Dinkelstrand.
Da liegt ein schmuckes Dörfchen, mein liebes Heimatland.
Es blühen stolz die Dahlien, die dich berühmt gemacht. O
Legden, meine Heimat, dir sei ein Gruß gebracht.

2. Steh ich auf Hermannshöhe und blick hinab ins Tal.
Seh` ich der Kirche Türme, die Häuser allzumal.
Im lichten Kranz der Wälder, im Grün von Strauch und
Baum. Bei gold`ner Abendsonne, deucht mir, es sei ein
Traum.

3. Die Dinkel leise raunet an Burg und Wehr entlang.
Als dürfte sie nicht stören, der Kirchen Glockenklang.
Und lichte Wolken wandern, weit in die Welt hinaus.
Behüt` dich Gott, mein Legden, mein trautes Vaterhaus.

Text: H. Rensing, Melodie: Alois Eversmann

28 Mein Vater war ein Wandersmann

1. Mein Vater war ein Wandersmann
und mir steckt´s auch im Blut,
drum wand´re ich froh, so lang ich kann
und schwenke meinen Hut.
Vallerie, vallera, vallerie, vallerahahahaha, vallerie, vallera
und schwenke meinen Hut.

2. Das Wandern schafft stets frische Luft,
erhält das Herz gesund,
frei atmet draußen meine Brust,
froh singet stets mein Mund.
Vallerie, vallera, vallerie, vallerahahahaha, vallerie, vallera,
froh singet stets mein Mund.

3. Was murmelt´s Bächlein dort und rauscht,
so lustig hin durchs Rohr,
weil´s frei sich regt, mit Wonne lauscht,
in dein empfänglich Ohr.
Vallerie, vallera, vallerie, vallerahahahaha, vallerie, vallera,
in dein empfänglich Ohr.

Text: Friedrich Sigismund (1788-1857) und Edith Möller von 1850.

29 Muss i denn zum Städtele hinaus

1. Muss i denn, muss i denn zum Städele hinaus, Städtele hinaus und du mein Schatz bleibst hier. Wenn ich komm, wenn ich komm, wenn ich wieder wieder komm, wieder wieder komm, kehr ich ein, mein Schatz, bei dir. Kann ich auch nicht allweil bei dir sein, hab ich doch mein Freud an dir. Wenn ich komm, wenn ich komm, wenn ich wieder wieder komm, wieder wieder komm, kehr ich ein, mein Schatz bei dir.

2. Wie du weinst, wie du weinst, dass ich wandere muss, wandere muss, wenn die Lieb jetzt wär vorbei.
Sind auch draus, sind auch draus der Mädele viel, Mädele viel, lieber Schatz, ich bleib dir treu.
Denk du nicht, wenn ich 'ne andere seh, so sei mein Lieb vorbei. Sind auch draus, sind auch draus der Mädele viel, Mädele viel, lieber Schatz, ich bleib dir treu.

3. Übers Jahr, übers Jahr, wenn mer Träubele schneidt, Träubele schneidt, stell ich hier mich wiedrum ein.
Bin ich dann, bin ich dann dein Schätzele noch, Schätzele noch, so soll die Hochzeit sein. Übers Jahr, da ist mein Zeit vorbei, da ghör' ich mein und dein.
Bin ich dann,bin ich dann dein Schätzele noch, Schätzele noch, so soll die Hochzeit sein.

Text: Heinrich Wagner, Musik: aus dem Remsthal

30 Nun Ade, du mein lieb Heimatland

1. Nun ade, du mein lieb Heimatland,lieb Heimatland, ade!
Es geht jetzt fort zum fremden Strand, lieb Heimatland,
ade! Und so sing' ich denn mit frohem Mut,
wie man singet, wenn man wandern tut,
lieb Heimatland, ade.

2. Wie du lachst mit deines Himmels blau, lieb Heimatland,
ade! Wie du grüßest mich mit Feld und Au,
lieb Heimatland, ade ! Gott weiß, zu dir steht stets mein
Sinn, doch jetzt zur Ferne zieht's mich hin,
lieb Heimatland, ade !

3. Begleitest mich, du lieber Fluss, lieb Heimatland, ade !
Bist traurig, dass ich wandern muss, lieb Heimatland, ade !
Vom moos`gen Stein am wald`gen Tal,
da grüß' ich dich zum letzten Mal,
lieb Heimatland, ade !

**Text: August Disselhoff von 1851. Musik: Komponist
unbekannt vor 1850.**

31 Sah ein Knab' ein Röslein stehn

1. Sah ein Knab' ein Röslein steh´n
Röslein auf der Heiden.
War so jung und war so schön,
lief er schnell es nah zu seh´n,
sah´s mit vielen Freuden.
Röslein, Röslein, Röslein rot
Röslein, auf der Heiden.

2. Knabe sprach: „Ich breche dich,
Röslein auf der Heiden."
Röslein sprach: „Ich steche dich,
dass du ewig denkst an mich,
und ich will's nicht leiden."
Röslein, Röslein.............

3. Und der wilde Knabe brach's
Röslein auf der Heiden;
Röslein wehrte sich und stach,
half ihm doch kein Weh und Ach,
musst es eben leiden.
Röslein, Röslein..............

Text: J. W. Goethe 1771, Musik: F. Schubert 1815.

32 Schön ist die Jugend

1. Schön ist die Jugend bei frohen Zeiten.
   Schön ist die Jugend, sie kommt nicht mehr.
   Bald wirst du müde durchs Leben schreiten,
   um dich wird einsam sein im Herzen leer.
   Drum sag ich's noch einmal, schön ist die
   Jugendzeit,
   schön ist die Jugend, sie kommt nicht mehr.
   Sie kommt, sie kommt nicht mehr, kommt
   niemals wieder her.
   Schön ist die Jugend, sie kommt nicht mehr.

2. Es blühen Blumen auf Flur und Heide.
   Sie welken alle im Jahreslauf.
   Und wo das Menschenherz verwelket balde
   und blüht zum zweiten Mal nicht wieder auf.
   Drum sag ich's noch einmal, schön ist die
   Jugendzeit,
   schön ist die Jugend, sie kommt nicht mehr.
   Sie kommt, sie kommt nicht mehr, kommt
   niemals wieder her.
   Schön ist die Jugend, sie kommt nicht mehr.

3. Ein jeder Weinstock trägt schwere Reben.
Und aus den Reben fließt der süße Wein.
Wir woll'n die Jugend froh mit ihm durchleben.
Er bringt uns Glück und Sonnenschein.
Drum sag ich´s noch einmal, schön ist die
Jugendzeit,
schön ist die Jugend, sie kommt nicht mehr.
Sie kommt, sie kommt nicht mehr, kommt
niemals wieder her.
Schön ist die Jugend, sie kommt nicht mehr.

4. Vergangene Zeiten kehren niemals wieder.
Nur einmal blühet des Lebens Mai.
Drum freut des Lebens euch, singt frohe Lieder,
solang' die Jugend im Herzen wohnt.
Drum sag ich´s noch einmal, schön ist die
Jugendzeit,
schön ist die Jugend, sie kommt nicht mehr.
Sie kommt, sie kommt nicht mehr, kommt
niemals wieder her.
Schön ist die Jugend, sie kommt nicht mehr.

Text und Musik:Verfasser unbekannt.

33 Waldeslust

1. Waldeslust, Waldeslust, o wie einsam schlägt die Brust.
Ihr lieben Vögelein, stimmt eure Lieder ein.
Und singt aus voller Brust die Waldeslust.
Ihr lieben Vögelein, stimmt eure Lieder ein.
Und singt aus voller Brust die Waldeslust.

2. Waldeslust, Waldeslust, o wie einsam schlägt die Brust.
Mein Vater kennt mich nicht. Die Mutter liebt mich nicht.
Und sterben mag ich nicht, bin noch so jung. Mein Vater
kennt mich nicht. Die Mutter liebt mich nicht. Und sterben
mag ich nicht, bin noch so jung.

3. Waldeslust, Waldeslust, o wie einsam schlägt die
Brust.In einer Sommernacht ist mir die Lieb' erwacht.
Mein Schatz ist weit von hier, was liegt daran.
In einer Sommernacht ist mir die Lieb' erwacht.
Mein Schatz ist weit von hier, was liegt daran.

Text und Musik: Verfasser unbekannt

34 Weißt du, wie viel Sternlein stehen

1. Weißt du, wieviel Sternlein stehen
an dem blauen Himmelszelt?
Weißt du, wieviel Wolken gehen
weithin über alle Welt?
Gott, der Herr hat sie gezählet,
dass ihm auch nicht eines fehlet.
An der ganzen großen Zahl.
An der ganzen großen Zahl.

2. Weißt du, wieviel Mücklein spielen
in der hellen Sonnenglut?
Wieviel Fischlein auch sich kühlen
in der hellen Wasserflut?
Gott, der Herr, rief sie mit Namen,
dass sie all' ins Leben kamen.
Dass sie nun so fröhlich sind.
Dass sie nun so fröhlich sind.

3. Weißt du, wieviel Kinder frühe
   steh'n aus ihrem Bettlein auf,
   dass sie ohne Sorg und Mühe
   fröhlich sind im Tageslauf?
   Gott im Himmel hat an allen
   seine Lust, sein Wohlgefallen.
   Kennt auch dich und hat dich lieb.
   Kennt auch dich und hat dich lieb.

Text: Wilhelm Hey, 1789–1854.
Musik: Verfasser unbekannt, Melodie seit 1818 bekannt.

35 Wenn alle Brünnlein fließen

1. Wenn alle Brünnlein fließen, So muß man trinken,
Wenn ich mein Schatz nicht rufen darf,
Tu ich ihm winken,
Wenn ich mein Schatz nicht rufen darf,
Ju, ja, rufen darf, Tu ich ihm winken.

2. Ja winken mit den Äugelein und treten auf den Fuß. Ist
eine in der Stube drin,
Die mir noch werden muß,
Ist eine in der Stube drin,
Ju, ja, Stube drin, die mir noch werden muß.

3. Warum soll sie's nicht werden? Ich seh sie gar zu gern.
Sie hat zwei blaue Äugelein,
Die leuchten wie zwei Stern,
Sie hat zwei blaue Äugelein,
Ju, ja, Äugelein, die leuchten wie zwei Stern.

Text und Musik: Verfasser unbekannt

36 Wenn die bunten Fahnen wehen

1. Wenn die bunten Fahnen wehen,
   geht die Fahrt wohl übers Meer.
   Woll´n wir ferne Lande sehen,
   fällt der Abschied uns nicht schwer.
   Leuchtet die Sonne,
   ziehen die Wolken,
   klingen die Lieder weit übers Meer.

2. Sonnenschein ist unsre Wonne,
   wie er lacht am lichten Tag!
   Doch es geht auch ohne Sonne,
   wenn sie mal nicht lachen mag.
   Blasen die Stürme,
   brausen die Wellen,
   singen wir mit dem Sturm unser Lied.

3. Hei, die wilden Wandervögel
   ziehen wieder durch die Nacht,
   schmettern ihre alten Lieder,
   dass die Welt vom Schlaf erwacht.
   Kommt dann der Morgen,
   sind sie schon weiter,
   über die Berge – wer weiß wohin.

4. Wo die blauen Gipfel ragen,
   lockt so mancher steile Pfad.
   Immer vorwärts, ohne Zagen;
   bald sind wir dem Ziel genaht!
   Schneefelder blinken,
   schimmern von Ferne her,
   Lande versinken im Wolkenmeer.

Text und Musik: Alfred Zschiesche, ca. 1932-1933.

37 Wem Gott will rechte Gunst erweisen

1. Wem Gott will rechte Gunst erweisen,
den schickt er in die weite Welt,
dem will er seine Wunder weisen
in Berg und Tal und Strom und Feld.

2. Die Bächlein von den Bergen springen,
die Lerchen schwirren hoch vor Lust,
was soll ich nicht mit ihnen singen
aus voller Kehl und frischer Brust?

3. Den lieben Gott lass ich nun walten,
der Bächlein, Lerchen, Wald und Feld
und Erd und Himmel will erhalten,
hat auch mein Sach' auf's Best bestellt.

Text: Joseph Freiherr von Eichendorff 1822, Melodie: Friedrich Theodor Fröhlich 1833.

38 Wenn ich ein Vöglein wär

1. Wenn ich ein Vöglein wär und auch zwei Flügel hätt,
flög ich zu dir. Weil's aber nicht kann sein,
weil's aber nicht kann sein, bleib ich allhier.

2. Bin ich gleich weit von dir, bin doch im Schlaf bei dir
und red mit dir. Wenn ich erwachen tu,
wenn ich erwachen tu, bin ich allein.

3. Es vergeht keine Nacht, da nicht mein Herz erwacht
und an dich denkt. Dass du mir tausendmal, dass du mir
tausendmal dein Herz geschenkt.

Musik: Verfasser unbekannt.
Text: „Wenn ich ein Vöglein wär" ist ein bekanntes deutsches
Volkslied, dessen Text in der heute bekanntesten Fassung von
Johann Gottfried Herder stammt.

39 Wo die Nordseewellen

1. Wo die Nordseewellen spülen an den Strand
wo die gelben Blumen blüh´n ins grüne Land
wo die Möwen schreien, schrill im Strumgebraus
dort ist meine Heimat da bin ich zu Haus.

2. Well'n und Wogen sangen mir mein Wiegenlied,
hohe Deiche waren mir das „Gott behüt",
merkten auch mein Sehnen und mein heiss Begehr:
Durch die Welt zu fliegen, über Land und Meer.

3. Wohl hat mir das Leben meine Qual gestillt,
und mir das gegeben, was mein Herz erfüllt,
alles ist verschwunden, was mir leid und lieb,
hab' das Glück gefunden, doch das Heimweh blieb.

4. Heimweh nach dem schönen, grünen Marschenland,
wo die Nordseewellen spülen an den Strand,
wo die Möwen schreien, schrill im Sturrngebraus,
da ist meine Heimat, da bin ich zu Haus.

Text: Peter Fischer-Friesenhausen
Musik: Simon Krannig 1910 .

40 Wohlauf in Gottes schöne Welt

1. Wohlauf in Gottes schöne Welt, lebe wohl, ade!
Die Luft ist blau und grün das Feld, lebe wohl, ade!
Die Berge glüh'n wie Edelstein. Ich wandere mit dem
Sonnenschein, la la la la, in´s weite Land hinein,
la la la la, in´s weite Land hinein.

2. Du traute Stadt am Bergeshang, lebe wohl, ade!
Du hoher Turm, du Glockenklang, lebe wohl, ade!
Ihr Häuser alle wohlbekannt. Noch einmal wink' ich mit
der Hand, lalalala, und nun seit abgewandt,
lalalala, und nun seit abgewandt.

3. An meinem Wege fließt der Bach, lebe wohl, ade!
Der ruft den letzten Gruß mir nach, lebe wohl, ade!
Ach Gott, da wird so eigen mir. So milde weh'n die Lüfte
hier, lalalala, als wär's ein Gruß von Dir,
lalalala, als wär's ein Gruß von Dir.

4. Ein Gruß von dir, du schönes Kind, lebe wohl, ade!
Doch nun den Berg hinab geschwind, lebe wohl, ade!
Wer wandern will, der darf nicht stehen, der darf niemals
nach hinten sehen, lalalala, muss immer weiter gehen,
lalalala, muss immer weiter gehen.
Text: Julius Rodenberg 1828 , Melodie: Verfasser unbekannt.

41 Alle Jahre wieder

1. Alle Jahre wieder, kommt das Christuskind

auf die Erde nieder, wo wir Menschen sind.

2. Kehrt mit seinem Segen ein in jedes Haus.
geht auf allen Wegen mit uns ein und aus.

3. Ist auch mir zur Seite still und unerkannt,
dass es treu mich leite an der lieben Hand.

4. Aus dem Himmel ferne wo die Englein sind
Schaut doch Gott so gerne her auf jedes Kind.

**Text: Wilhelm Hey 1789-1854 - Melodie: Friedrich Silcher
1789-1860**

42 Laßt uns froh und munter sein

1.Lasst uns froh und munter sein, und uns recht von Herzen freun. Lustig, lustig tralalalala, bald ist Nikolausabend da, bald ist Nikolausabend da.

2. Dann stell ich den Teller auf, Niklaus legt gewiss was drauf, Lustig lustig tralalala, bald ist Nikolausabend da, bald ist Nikolausabend da.

4. Wenn ich schlaf, dann träume ich: jetzt bringt Nikolaus was für mich. Lustig lustig tralalala, heut ist Nikolausabend da, heut ist Nikolausabend da.

4. Wenn ich aufgestanden bin, lauf ich schnell zum Teller hin. Lustig lustig tralalala, nun war Nikolausabend da, nun war Nikolausabend da.

5. Nikolaus ist ein guter Mann, dem man nicht genug danken kann. Lustig lustig tralalala, nun war Nikolausabend da, nun war Nikolausabend da.

Aus dem 19. Jahrhundert , Verfasser unbekannt

43 O du Fröhliche

1. O du fröhliche, o du selige,
Gnadenbringende Weihnachtszeit.
Welt ging verloren, Christ ward geboren,
Freue, freue dich, o Christenheit!

2. O du fröhliche, o du selige,
Gnadenbringende Weihnachtszeit.
Christ ist erschienen, uns zu versöhnen,
Freue, freue dich, o Christenheit!

3. O du fröhliche, o du selige,
Gnadenbringende Weihnachtszeit.
Himmlische Heere jauchzen Dir Ehre,
Freue, freue dich, o Christenheit!

Deutscher Text: Johannes Falk, Melodie: Sizilianische Volksweise

44 O Tannenbaum

1. O Tannenbaum, O Tannenbaum,
Wie treu sind deine Blätter.
Du grünst nicht nur zur Sommerzeit,
Nein auch im Winter wenn es schneit.
O Tannenbaum, O Tannenbaum,
Wie grün sind deine Blätter!

2. O Tannenbaum, O Tannenbaum,
Du kannst mir sehr gefallen!
Wie oft hat schon zur Winterszeit
Ein Baum von dir mich hoch erfreut!
O Tannenbaum, O Tannenbaum,
Du kannst mir sehr gefallen!

3. O Tannenbaum, O Tannenbaum,
Dein Kleid will mich was lehren:
Die Hoffnung und Beständigkeit
Gibt Mut und Kraft zu jeder Zeit!
O Tannenbaum, O Tannenbaum,
Dein Kleid will mich was lehren.

Text: Melchior Franck , Melodie 16. Jahrhundert

45 Leise rieselt der Schnee

1. Leise rieselt der Schnee,
Still und starr liegt der See,
Weihnachtlich glänzet der Wald:
Freue Dich, Christkind kommt bald.

2. In den Herzen ist's warm,
Still schweigt Kummer und Harm,
Sorge des Lebens verhallt:
Freue Dich, Christkind kommt bald.

3. Bald ist heilige Nacht;
Chor der Engel erwacht;
Horch' nur, wie lieblich es schallt:
Freue Dich, Christkind kommt bald.

Text: Eduard Ebel, Melodie: unbekannt

46 Stille Nacht heilge Nacht

1. Stille Nacht! Heilige Nacht! Alles schläft, einsam wacht nur das traute hoch heilige Paar. "Holder Knabe im lockigen Haar, schlaf in himmlischer Ruh', schlaf in himmlischer Ruh'!"

2. Stille Nacht! Heilige Nacht! Gottes Sohn, o wie lacht lieb' aus deinem göttlichen Mund, da uns schlägt die rettende Stund': Jesus in deiner Geburt. Jesus in deiner Geburt.

3. Stille Nacht, heilige Nacht, Hirten erst kundgemacht! durch der Engel Halleluja tönt es laut von Ferne und Nah: Jesus, der Retter ist da! Jesus, der Retter ist da!

Text: Joseph Mohr (1792-1848) - 1816
Melodie: Franz Xaver Gruber (1787-1865) - 1818

47 Macht hoch die Tür

1. Macht hoch die Tür die Tor macht weit
Es kommt der Herr der Herrlichkeit
Ein König aller Königreich´
Ein Heiland aller Welt zugleich
Der Heil und Leben mit sich bringt
Derhalben jauchzt, mit Freuden singt:
Gelobet sei mein Gott
Mein Schöpfer, reich von Rat!

2. Er ist gerecht, ein Helfer wert
Sanftmütigkeit ist sein Gefährt
Sein Königskron´ ist Heiligkeit
Sein Zepter ist Barmherzigkeit
All unsre Not zum End´ er bringt
Derhalben jauchzt, mit Freuden singt
Gelobet sei mein Gott
Mein Heiland, groß von Tat!

3. O wohl dem Land, o wohl der Stadt
So diesen König bei sich hat
Wohl allen Herzen insgemein
Da dieser König ziehet ein
Er ist die rechte Freudensonn´
Bringt mit sich lauter Freud´ und Wonn´
Gelobet sei mein Gott
Mein Tröster, früh und spät.

Text: Georg Weißel (1590-1635), Melodie: aus Halle (1704)

48 Wir sagen euch an den lieben Advent

1. Wir sagen euch an den lieben Advent.
Sehet die erste Kerze brennt!
Wir sagen euch an eine heilige Zeit,
Machet dem Herrn den Weg bereit!.
|: Freut euch ihr Christen, freuet euch sehr!
Schon ist nahe der Herr.:|

2. Wir sagen euch an den lieben Advent.
Sehet die zweite Kerze brennt!
So
nehmet euch eins um das andere an,
Wie euch der Herr an uns getan.
|: Freut euch ihr Christen, freuet euch sehr!
Schon ist nahe der Herr.:|

3. Wir sagen euch an den lieben Advent.
Sehet die dritte Kerze brennt!
Nun trag eurer Güte hellen Schein
Weit in die dunkle Welt hinein.
|: Freut euch ihr Christen, freuet euch sehr!
Schon ist nahe der Herr.:|

4. Wir sagen euch an den lieben Advent.
Sehet die vierte Kerze brennt.
Gott selber wird kommen. Er zögert nicht.
Auf, auf ihr Herzen und werdet licht!
|: Freut euch ihr Christen, freuet euch sehr!
Schon ist nahe der Herr.:|

Text: Maria Ferschl 1895-1982 Melodie: Heinrich Rohr 1902–1997

49 Ihr Kinderlein kommet

1. Ihr Kinderlein, kommet, o kommet doch all!
Zur Krippe her kommet in Bethlehems Stall.
Und seht was in dieser hochheiligen Nacht
Der Vater im Himmel für Freude uns macht.

2. O seht in der Kripp im nächlichen Stall,
Seht hier bei des Lichtes hellglänzendem Strahl,
In reinliche Windeln das himmlische Kind,
Viel schöner und holder, als Engelein sind.

3. Da liegt es, ihr Kinder, auf Heu und auf Stroh,
Maria und Josef betrachten es froh;
Die redlichen Hirten knien betend davor,
Hoch oben schwebt jubelnd der Engelein Chor.

4. O beugt, wie die Hirten, anbetend die Knie,
Erhebet die Händchen und betet wie sie!
Stimmt freudig, ihr Kinder - Wer soll sich nicht freun?
Stimmt freudig zum Jubel der Engelein ein!

5. O betet: du liebes, du göttliches Kind,
Was leidest du alles für unsere Sünd!
Ach hier in der Krippe schon Armut und Not,
Am Kreuze dort gar noch den bitteren Tod.

6. Was geben wir Kinder, was schenken wir dir,
Du bestes und liebstes der Kinder, dafür?
Nichts willst du von Schätzen und Reichtum der Welt,
Ein Herz nur voll Demut allein dir gefällt.

7. So nimm unsre Herzen zum Opfer denn hin;
Wir geben sie gerne mit fröhlichem Sinn;
Und mache sie heilig und selig wie deins,
Und mach sie auf ewig mit deinem in eins.

Text: Christoph v. Schmid (1768-1854) - 1798
Melodie: Johann Abraham Peter Schulz (1747-1800) - 1794

50 Zu Bethlehem geboren

1. Zu Bethlehem geboren, ist uns ein Kindelein, das hab'
ich auserkoren, sein eigen will ich sein. Eia, eia, sein eigen
will ich sein.

2. In seine Lieb' versenken will ich mich ganz hinab; mein
Herz will ich ihm schenken und alles, was ich hab', eia, eia,
und alles, was ich hab'.

3. O Kindelein, von Herzen will ich dich lieben sehr, in
Freuden und in Schmerzen je länger und je mehr, eia, eia,
je länger und je mehr.

4. Dazu dein Gnad mir gebe, bitt' ich aus Herzensgrund,
daß dir allein ich lebe jetzt und zu aller Stund', eia, eia,
jetzt und zu aller Stund.

5. Dich, wahren Gott, ich finde in unser'm Fleisch und Blut;
darum ich mich dann binde an dich, mein höchstes Gut,
eia, eia, an dich, mein höchstes Gut. 6.

6. Laß mich von dir nicht scheiden, knüpf' zu, knüpf' zu das
Band der Liebe zwischen beiden; nimmt hin mein Herz
zum Pfand, eia, eia, nimm hin mein Herz zum Pfand!

Text: Friedrich Spee 1637 Musik: Paris 1599/Köln 1637